AF229419

LES DÉBRIS
DU CHAMP D'ASILE.

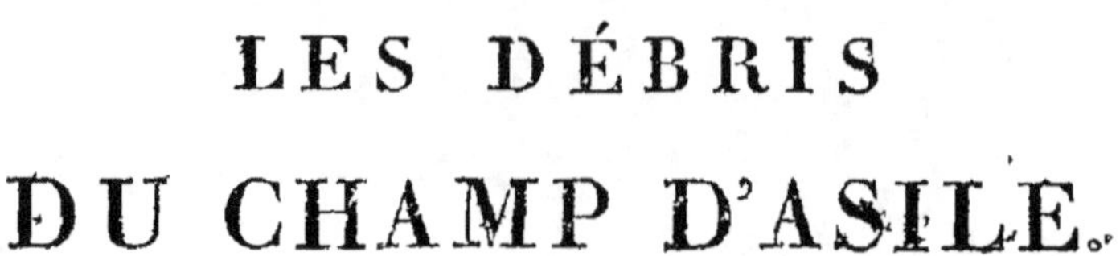

ACCENS DES PROSCRITS PENDANT LA

CAPTIVITÉ DE NAPOLÉON,

A LA NOUVELLE DE SA MORT ;

HONNEURS FUNEBRES

RENDUS A SA MÉMOIRE

PAR

DES RÉFUGIÉS DU CHAMP D'ASILE,

PAR UN ÉLÈVE

DE L'ANCIENNE ÉCOLE POLYTECHNIQUE.

PARIS,

Chez BATAILLE et BOUSQUET, Libraires, 8
au Palais-Royal,

Chez les Marchands de Nouveautés.

1821.

LES DÉBRIS
DU CHAMP D'ASILE (1).

C'est le propre des récompenses de produire des ingrats, et l'hommage des perfides n'en impose pas plus à l'homme magnanime que leurs détractions ne l'émeuvent. De lâches adulateurs, bassement vendus aux largesses d'un maître qui les méprisait en les salariant, porteront une dent impie sur la main qui les tira de la fange ; ils l'assailleront de l'opprobre dont ils émanent, et ravaleront le héros jusqu'à leur propre néant, ne pouvant le flétrir dans sa majesté. Pour mutiler sa statue, leur fureur parjure attendra qu'elle soit tombée ; et, comme s'ils ne se souvenaient plus que l'éclat dont ils brillèrent, c'est de lui seul qu'ils l'avaient emprunté , en blasphémant le pouvoir qui les fit grands, ils se confesseront indignes de l'être. Celui dont ils mendièrent les regards lorsqu'il vivait dans la pourpre, ils l'insulteront dans l'adversité ; et, de même

---

(1) On n'a point voulu hasarder ici des idées nouvelles sur le compte de Napoléon. Seulement on a tâché d'y représenter l'hommage que quelques Français, bannis depuis long-temps de leur patrie, ont rendu à sa cendre.

qu'ils encensèrent jusqu'à ses fautes, ils calom-
nieront jusqu'à ses vertus. Fureurs avortées,
inutiles bassesses ! Ils se consumeront sans le
blesser, ils se dégraderont sans le ternir, et plus
grand, plus respectable il paraîtra, tout déchu
de ses grandeurs humaines, qu'ils ne le furent
jamais eux-mêmes au faîte des prospérités dont
il les combla. Leur jalouse rage n'obtiendra
pour récompense qu'un généreux pardon, et ce
qu'ils auront fait pour décréditer ses vertus lui
sera une nouvelle carrière à les exercer davantage. Le grand homme n'a déployé qu'une partie
de son ame lorsqu'il n'a su qu'accroître le cours
de ses heureuses fortunes ; c'est le servir di-
gnement auprès de la postérité que de lui pro-
curer des malheurs. Les situations vulgaires ne
favorisent que les êtres vulgaires : et tel est le par-
tage du héros, qu'il tire son immortalité de ces
mêmes occasions qui font échouer le faux brave.
Les lits profonds conviennent aux torrens im-
pétueux ; aux conceptions immenses, les vastes
théâtres ; aux esprits sublimes, les circonstances
surnaturelles. Tout ce qui touche un homme d'é-
clat en revient éclatant comme lui ; et l'infortune
même, qui voudrait l'égaler au reste des hommes, lui devient un véhicule pour s'élever avec
plus de force au-dessus d'eux. Mais pourquoi
faut-il que celui que le sort fit naître pour de-
venir à ses contemporains un pompeux et ma-
gnifique spectacle n'en obtienne pas toujours,

par rapport à lui-même, la digne récompense ? Pendant qu'il fut heureux, la prodigieuse élévation de sa gloire ne laissa rien à desirer à l'admiration des autres : seul dans le secret de sa pensée, en savoura-t-il peut-être amèrement les pénibles alternatives. Peut-être un jour, se dit-il à lui-même, trente ans de victoires ne lui auront servi qu'à fortifier l'audace de quelques traîtres, et le pouvoir dont il les aura revêtus sera-t-il lui-même le premier contre lequel ils en tourneront les effets. S'il tombe, toutes les choses grandes et majestueuses qu'il aura faites s'éleveront encore en sa faveur ; s'il tombe, les puissans qu'il aura formés, s'ils ne se taisent, l'accuseront. Chers compagnons, les hommes que Bonaparte fit asseoir à côté de son trône l'en ont chassé pour prix de ses travaux.

Pour nous, soldats, amis, compatriotes ; nous, rassemblés pour payer un juste tribut au souvenir d'un illustre frère d'armes, nous n'ajouterons point au fardeau de ses calamités la douleur de notre ingratitude ; nous le chérîmes d'un amour, non de courtisan, mais de brave. Puissant, on l'encensait ; malheureux, on le calomnie : puissant, nous l'avons servi ; malheureux, nous l'admirons encore.

Exilé dans un coin du Nouveau-Monde, ainsi parlait un vieux guerrier, triste reste d'une colonie deux fois proscrite. Sa voix était pleine d'un mâle attendrissement. Ses cheveux blanchis sous le harnois faisaient voir qu'il avait servi long-temps sa patrie ; et les profondes cicatrices qui décoraient son front vénérable, qu'il l'avait servie avec honneur. Le guerrier des Pyramides n'avait point encore consumé sa carrière ; et les regards de son serviteur fidèle, tournés douloureusement vers la France, cherchaient dans l'immensité des mers le rocher brûlant où s'éteignait un héros. Quelques frères d'armes l'écoutaient en silence, tristement assis sur un rivage ingrat, défriché de leurs mains. Des instrumens de labourage étaient à leurs côtés, et leurs fronts dégouttaient encore d'une laborieuse sueur. Ils se délassaient des travaux de leur journée par le récit des travaux de leur vie ; et le tableau des misères d'un grand homme les aidait à supporter leurs propres calamités.

Le guerrier reprit : C'est vainement, ô mes amis ! que ma voix s'efforce de présenter à votre admiration le héros qui fut notre chef. Je ne vois que trop , aux soupirs qui vous échappent, que vos cœurs ne demandent qu'à le plaindre. Eh bien ! que tout autre sentiment disparaisse aujourd'hui devant un sentiment si tendre ; mais gardons nous au moins de diriger sur nous-mêmes l'hommage de nos regrets : le monde en renferme ailleurs une cause bien plus frappante. Quel est celui, même des peuples que Napoléon avait vaincus, qui refuserait quelques larmes à la plus triste des vicissitudes? Quelle prodigieuse élévation, quel épouvantable abaissement! De quoi lui servit de dispenser les sceptres, s'il lutte aujourd'hui péniblement contre les premiers besoins de la vie? De quoi lui servit de compter des rois parmi ses alliés, s'il n'est pas dans sa patrie un seul homme qui ose tout haut s'avouer son serviteur? De quoi lui servit d'apporter la liberté aux peuples lointains qu'il avait conquis, si lui-même il s'étonne d'être dans les chaînes? De quoi lui servit de pardonner aux monarques après les avoir abattus, si les monarques, sans avoir pu le vaincre, n'ont pas su lui pardonner à leur tour; s'ils l'ont enseveli vivant, comme pour lui apprendre comment il faut en user envers un ennemi? Non, mes amis : de tous ceux que le fardeau de la proscription accable, nous ne sommes pas les plus malheureux; nous n'avons entraîné personne dans notre propre chute : et la douleur d'avoir fait des milliers de bannis altèrent tous les instans de notre vieux capitaine. Nous avions vaillamment combattu comme ennemis les rois qui nous ont déposés : et il avait appelé du nom de frère les perfides qui l'ont trahi. Ici, dans une terre étrangère, il nous est du moins permis de figurer à nos yeux le triste simulacre d'une patrie que nous n'avons plus : et, sur le rocher aride qui lui sert de tombeau, l'on lui arrache jusqu'au moindre objet qui pourrait la lui rappeler. Ici, nous pleurons sans crainte sur ses fatales destinées : et des re-

gards mercenaires épient jusqu'à ses soupirs'
Nous vivons au milieu de quelques uns de nos
compagnons d'armes : et on lui dispute jusqu'au
dernier de ses amis, comme si ce n'était pas une
assez grande merveille qu'un monarque, après sa
chute, en ait encore conservé un seul ! Nos
femmes, nos tendres enfans, sont venus se
joindre à nos disgraces et les partager avec nous :
et, par les privations les plus cruelles, on lui fait
expier trente ans d'immortalité. Dans notre
douce certitude, nous nous représentons comme
toujours présens à sa pensée : et l'on s'efforce à
lui faire accroire que l'univers entier a oublié
son nom. O mes amis ! pleurez sur le sort du
héros, pleurez... Ou plutôt je me trompe : cessez
d'afficher à mes yeux une nature pusillanime, et
faites-vous des cœurs dignes de celui qui vous
forma. Pourquoi l'avilir par des regrets inutiles,
puisqu'une page d'infortune manquait à l'histoire
de sa vie ? Ne semblait-il pas que le génie qui
présidait à sa grande ame eût voulu, le faisant
marcher d'épreuve en épreuve, lui réserver la
plus grande de toutes pour l'instant même où son
cœur, accoutumé à de vastes succès, semblait
pouvoir la supporter le moins ? Mais celui qui,
dès les premiers pas de sa course, entendit, sans
s'en émouvoir, traiter de folie de vastes entre-
prises auxquelles l'on ne devait croire qu'après
les avoir vues glorieusement exécutées ; celui qui
sut se faire admirer encore, malgré les dépré-

dations insidieuses avec lesquelles des ministres vendus lui aliénaient le cœur de ses sujets, ne baissa point le front devant leurs lâches triomphes. Il fit assez connaître à tous qu'il ne s'était pas seulement instruit à être heureux. Ah! nous ne nous en plaindrions pas, quand une mort prématurée, digne terme de toutes ses vicissitudes, l'arracherait à l'ignominie de faire voir sa constance poussée à bout. Il s'est jusqu'ici montré un héros, mais craignons qu'il ne finisse par se découvrir un homme.

A peine le vieux guerrier achève-t-il ces paroles, qu'un bruit sourd et confus se fait entendre dans les airs. Le ciel se couvre; l'orage qui couvait sur l'océan éclate. L'aquilon en fureur déchire le rivage; le sol tremble, les rochers semblent ébranlés sur leur base. L'océan mugit, s'enfle, se déborde, et chasse de ses bords les réfugiés du Champ d'asile. En ce moment le cri de la douleur paraît sortir du milieu des vagues, et parmi des flots d'écume vingt soldats sont jetés sur le sable, s'attachant contre un frêle esquif. On accourt : ô joie, ô surprise! On reconnaît les armes de la France; ce sont des amis, des compatriotes que l'on embrasse. On leur prodigue de fraternels secours; on leur demande la cause de leurs infortunes et le récit de leur naufrage. Ni leurs infortunes ni leur naufrage ne paraissent les toucher; et, sensibles à une seule perte, ils répondent avec un soupir : Le guerrier des Pyramides n'est plus ! — Il n'est plus...: que dites-vous ?... L'on hésite; l'on doute d'abord de ce qu'on entend ; les questions se pressent, se multiplient. Nous venons de Sainte-Hélène, continuent les nouveaux proscrits; *nous avons voulu... encore une fois...le voir avant de mourir, et nous l'avons vu... mort.* C'est alors qu'une morne stupeur se peint sur tous les visages. A cette funeste certitude chacun demeure un instant comme sans force et anéanti ; mais tout-à-coup, comme si leur propre existence eût été menacée, d'un transport unanime les réfugiés courent aux armes. Que faites-vous ? s'écrie celui dont les discours avaient coutume de les ramener à des sentimens plus calmes. Napoléon n'est plus : eh bien ! oubliez-vous que nous lui avions déjà souhaité la mort comme le plus digne terme à ses souffrances ? O mes amis! félicitons-nous de ce qu'il n'a péri ni de la main d'un lâche, ni de la sienne propre.—C'est à la tête de ses soldats qu'il devait succomber. — Eh! pour ternir l'éclat de sa fin généreuse, eût-on manqué de publier qu'il avait recherché la mort comme le remède d'un cœur pusillanime? Il est mort! Sublime leçon que son trépas renferme : que les plus grandes choses doivent finir. N'avions-nous pas commencé d'en voir en lui, depuis six ans, la triste expérience? Votre douleur doit aujourd'hui faire place à de plus justes devoirs. Embarquons-nous, amis; dirigeons notre course et nos regrets vers Sainte-Hélène ; nous visiterons, dans la terre de l'exil, des restes chers et sacrés ; nous embrasserons les dépouilles du grand homme. Venez ; qui pourra refuser à de vieux soldats cette triste et dernière consolation ? Venez ; nous arroserons de nos modestes larmes la main par qui nous connûmes la route de l'immortalité : et si les ennemis qu'il a tant de fois vaincus entourent encore sa couche funéraire, nous nous ressouviendrons, en les voyant paraître, que, tout mort qu'il est, ses regards les terrifient et les accusent. Mais, avant de quitter ces bords, hâtons-nous de rendre à son ombre les honneurs guerriers qu'elle attend de notre reconnaissance. Peut-être seuls entre ses serviteurs en aurons-nous conçu le pénible courage. Peut-être, abandonnée à des mains envieuses, sa dépouille languit depuis sa dernière heure comme la dépouille d'un homme vulgaire ; peut-être celui qui vit à ses pieds la grande nation, dans le plus beau temps de ses triomphes, a-t-il à peine embrassé un Français à son lit de mort ; et dans cette inconstante cité, devenue par ses heureux destins la capitale de la terre, n'a-t-on reçu qu'avec cette indifférence qu'avoisine l'oubli, la nouvelle de son trépas !

C'est ainsi que le vieux proscrit, en occupant leur pensée de soins plus légitimes, tâche de ramener dans le cœur de ses frères une sérénité qu'il n'a pas. Les exilés, la tête baissée, ensevelis dans un silence farouche, gagnent séparément les modestes demeures, ouvrages de leurs mains ; et, sans jeter un regard sur la tendre épouse que leur stupeur effraie, ils s'apprêtent à rendre de pieux hommages à la mémoire du héros. Le calme de la nuit et le calme de la détresse règnent sur le hameau des braves ; pas un cri de douleur dans les humbles cabanes, pas un soupir : on dirait une solitude. Enfin le triste roulement du tambour lugubre se fait entendre de loin, et, à la pâle lueur de quelques torches, on voit bientôt s'avancer le plus lamentable des cortéges. Six guerriers, dont la poitrine laisse voir à découvert les cicatrices profondes, portent sur leurs épaules courbées une bière couverte d'un crêpe, triste représentation qui sert à tromper leur douleur. Leurs yeux ne versent point de larmes ; mais, fixement attachés vers la terre, ils paraissent immobiles dans leur orbite. Ils avaient pleuré le héros vivant et proscrit ; il est mort, et leur douleur se tait, et leur bouche fermée d'une manière convulsive laisse échapper à peine une respiration entrecoupée. D'autres soldats, les armes basses, la tête penchée sur la poitrine ; des femmes, des enfans, quelques insulaires que l'aspect de cette touchante cérémonie attendrit sans en deviner la cause, les suivent à pas lents. On arrive auprès d'un vieux chêne ; et, sur leur fardeau qu'ils déposent à terre, les proscrits ont déjà placé une épée brisée, leurs décorations, un lambeau de pourpre, et des lauriers. Loin de ces hommages partis d'un cœur sans apprêt les inscriptions superbes, les épitaphes somptueuses! Que pourraient-elles renfermer de si douloureux et de si grand que chacun en pense encore davantage? Cependant le plus vénérable d'entre eux, celui dont ils avaient habitué d'écouter dans leurs disgraces la voix consolatrice, s'avance au bord du cercueil, et, le front sourcilleux et pensif, s'apprête à retracer à l'imagination de tous ceux qui l'entourent l'apologie glorieuse de la carrière qui vient de s'éteindre, lorsqu'une femme, tenant par la main ses jeunes enfans, se précipite à ses côtés, et vient interrompre des discours commencés à peine. « C'est à moi, s'écrie-t-elle, d'entonner de si justes louanges; c'est au sentiment de la reconnaissance qu'il convient d'ouvrir le cours d'une aussi belle histoire. Mon père, mon époux, mon frère et l'aîné de mes fils succombèrent aux champs de Montenotte; depuis, femme issue de parens vulgaires, et pour prix de ces services dont la gloire seule suffisait à ma vanité, je vis s'accumuler sur ma tête les honneurs et les récompenses. Une partie de ma famille éteinte pour la patrie sut embellir les destinées de l'autre partie. O héros! si tu payais ainsi les proches de tes serviteurs, qu'aurais-tu fait pour tes serviteurs eux-mêmes? O héros! ce n'est pas toi que j'accuse de l'ignominie dont quelques concitoyens ont, après ta chute, souillé mon propre sang prodigué pour eux. Bientôt, je l'espère, retombera sur chacun la part des mérites qu'il se sera faits. Pour toi sera la gloire que tu nous donnas; pour eux, l'opprobre dont ils nous ont enseigné la mesure. » J'éleverai aussi la voix, s'écriait un artiste mêlé dans les rangs des soldats, et qui dans une funeste époque, avide de participer à la défense de ses droits, avait quitté la palette pour l'épée. « Que de fois Napoléon visita sans escorte l'humble atelier témoin de mes premiers essais! Que de fois, de ses mains triomphales, prodigua-t-il à mon père, à moi, les plus délicats encouragemens! Ses bienfaits savaient bien atteindre l'humble mérite, parcequ'il se plaisait à le rechercher par lui-même ; et les conseils qu'il lui prodiguait ne servaient pas moins que ses nobles secours à l'accroissement de sa gloire. Eh! comment le siècle qui l'a vu naître n'aurait-il pas enfanté des chefs-d'œuvre! On trouvait tout en l'écoutant : et l'ardeur nécessaire pour les entreprendre, et le génie qu'il fallait pour les créer. » Un jeune officier, élevé dans le sein de cette école dont l'univers doit à Napoléon l'institution impérissable, interrompit l'artiste; et, les yeux resplendissans du feu de l'enthousiasme : « Vous ne dites pas tout, vous ne rendez pas au héros le juste tribut que ses mânes réclament. Il avait, dans moins de dix ans, agrandi le domaine des conceptions humaines plus que n'avaient pu le faire dans plus de dix siècles les efforts réunis des monarques ses dévanciers. Laissons à la postérité lui dispenser l'hommage d'une gloire guerrière qu'on ose lui disputer encore; ma bouche n'en ferait point entendre l'expression sans y mêler le juste dépit qu'un semblable vertige fait naître. Oublions, s'il se peut, tant d'illustres merveilles qui, parties d'un autre bras que le sien, eussent passé pour autant de fables. Oublions l'Egypte presque aussitôt conquise que le projet en avait été conçu, malgré la triple ligue des élémens, des armées innombrables à combattre sur un sol stérile et barbare, et des efforts d'une partie de ses concitoyens. Oublions l'Italie parcourue comme par un torrent, et ces jours à jamais célèbres où chaque heure fut marquée par un exploit. Oublions, si votre esprit peut en concevoir la pensée, l'Europe entière déchaînée à la fois sur notre territoire, et refoulée incessamment, comme par une commotion électrique, jusques au fond de ses provinces; l'Anglais, l'impitoyable Anglais, tremblant au milieu de ses rochers, malgré ses monceaux d'or et malgré l'impénétrable dédale de ses sourdes malversations, retraite désormais impuissante contre la foudre qui les menaçait; la France, délivrée de trente tyrans internes qui l'avaient vendue, et de trente autres tyrans accourus pour la dévorer; au milieu de ce chaos de ligues et de discordes, Bonaparte, comme une puissance salutaire, se trouvant partout et dans le même temps pour pacifier et pour dé-

fendre; et l'hydre redoutable qui sapait les fon-
demens de la nation, au dedans et au dehors,
anéanti presque d'un regard. Oublions encore ces
noms à jamais mémorables, qui depuis sont deve-
nus dans toutes les bouches comme des proverbes
de gloire. N'étalons à vos yeux que ces institu-
tions salutaires dont la gloire, pour n'en être
point disputée à leur auteur, n'en est pas moins
impérissable comme son nom. Voyez la France
s'embellissant sous ses mains victorieuses, en
même temps qu'elle devient forte et pacifique.
Embrassez d'un coup d'œil tant de conceptions
sublimes, tant de vastes plans poussés à bout dans
le temps qu'un autre aurait mis à les tracer, et
le héros faisant servir les désastres de la guerre à
l'accroissement des arts que la paix devait bientôt favoriser davantage. Rappelez-vous les mu-
sées élevés, les sociétés d'hommes savans, revêtus d'une contenance plus respectable ; la
France apprenant à se suffire par son propre
commerce ; les droits des citoyens affermis par
des lois nouvelles, la chicane presque abattue au
fond de ses retranchemens, et l'ignorance réduite
à admirer et à se taire.

Enfin, une nouvelle race d'hommes préparée
à la postérité par cette même main qui du haut
du trône, où elle dictait des lois au monde,
instruisait elle-même la jeunesse appelée à le
seconder. Rappelez-vous.... ou plutôt faisons
parler à vos yeux des témoins plus grands et

plus irrévocables. Venez, les Monge, les Lacé-
pède, les Vauquelin, les Thénard, les Cuvier,
les Volney, les Prony. Venez, les Lalande, les
Biot, les Reynaud, les Laplace; venez, vous tous
illustres du dix-neuvième siècle, vous.. dont la
France doit à Napoléon les merveilleuses décou-
vertes. Pressez-vous sur sa tombe; couvrez son
cercueil du laurier dont il vous couronna, et
que votre voix majestueuse remplace à le louer
les faibles efforts de la mienne.

A ces mots, la douleur de tous ceux qui en-
touraient le jeune guerrier sembla ne s'être con-
tenue si long-temps que pour se déchaîner avec
plus de violence. Au milieu de tant de sanglots,
chacun, d'une voix mal affermie, s'efforce de
rappeler quelque partie de l'histoire du grand
homme; et l'on dirait, à l'empressement que
l'on met à la raconter, qu'elle va s'éteindre
comme sa vie.

L'un de ces braves gens louait sa fermeté dans
les périls, sa constance dans ses projets, son ha-
bileté à profiter de ses avantages; l'autre, cette
habitude surprenante de se vaincre soi-même,
pour paraître plus grand aux yeux de ceux qui
le contemplaient, et ce don miraculeux de faire
mouvoir d'un geste plusieurs millions d'hommes; l'autre disait sa simplicité après la vic-
toire, et sa franche aménité envers le moindre
de ses soldats.

Nous l'avons vu s'abreuver de la même eau

bourbeuse qui nous repoussait, et se nourrir du même pain noir. Nous l'avons vu répartir sur lui-même la portion la plus pénible des fatigues de la guerre, afin de nous aider à les supporter avec courage : marchant à pied à nos côtés sur des sables brûlans, usurpant avec alégresse les fonctions d'un simple soldat.

Le vieux guerrier mêlait aussi son tribut à de nobles souvenirs ; et levant les mains au ciel il s'écriait : Chers compagnons vous avez fait sans le vouloir la plus belle oraison funèbre de NAPOLÉON.

FIN.

DE L'IMPRIMERIE DE DOUBLET.